나의 아웃, 너의 미래

시인의일요일시집 **040**

나의 아웃, 너의 미래

초판 1쇄 펴냄 2025년 11월 17일

지 은 이 석미화
펴 낸 이 김경희
펴 낸 곳 시인의일요일

표지·본문디자인 이율디자인
경영지원 양정열

출판등록 제2021-000085호
주   소 경기도 용인시 기흥구 연원로42번길 2
전   화 031-890-2004
팩   스 031-890-2005
전자우편 sundaypoet@naver.com
블 로 그 https://blog.naver.com/sundaypoet

ISBN 979-11-92732-33-6(03810)

값 12,000원

나의 아웃, 너의 미래

석미화 시집

| 시인의 말 |

너와는 신발이 많이 닳은 날에 만났다.

하염없이 걸음을 옮길 때
새가 날 듯
종이 넘기는 소리가 들렸다.

온통 그것뿐이어서,
도착하지 못한 슬픔이 멀고도 가까이 있었다.

차 례

1부 그 먼 언덕에 한번 다녀올까

벌목 ……… 14
벌목 ……… 16
절정이라는 말 ……… 18
빙하 장례식 ……… 20
장편 ……… 24
뷔히너 ……… 27
연희동 ……… 28
호스피스 애인 ……… 30
둘레 ……… 33

2부 귤꽃 향기와 첼란

하란 ········ 36
귤꽃 향기 엄습하는데 첼란을 읽다니 ········ 38
일요일의 만찬 ········ 41
검은 국 ········ 44
그곳에 비술나무 한 그루 있었다 ········ 46
벌목 ········ 48
반애조半愛鳥 ········ 50
네가 손바닥을 불쑥 보일 때 ········ 52
새의 군무를 보고 온 날 ········ 54
함형수 ········ 56
아틸라 요제프 ········ 58
돌발성난청 ········ 60

3부 물과 물을 건너다니는 고독

빛 속에 앉아 있었다 ········ 64
앞세워 걷는 나무 ········ 66
물결은 집으로 돌아가고 ········ 69
저녁이 생겨났다 ········ 72
귀룽나무 ········ 74
지독한 여름이니까 ········ 76
수목원의 빛 ········ 78
나무의 온도 ········ 80
나와 남자는 웃었지요 ········ 82
돌배나무 ········ 84
유리산에 가다 ········ 86
나의 식물성 ········ 88

4부 신의 거짓말

소리설치가 ········ 92
폴란드 정원 ········ 94
빛의 산 ········ 97
검은 별 ········ 100
분짜 ········ 102
마요르카에서 온 편지 ········ 104
베르너 사세라고 들었다 ········ 106
수많은 얘기 중에 페소아 ········ 108

5부 슬플수록 사람은 같은 얼굴을 하고

초충도를 치다 ……… 112
하여, ……… 115
헌화가 ……… 118
흩어지는 날씨 ……… 120
빗발치는 처마 ……… 122
책비 ……… 124
몽환에 부치다 ……… 126
검은빛의 쓸모 ……… 128
폭설 ……… 130

해설 ……… 133

희고 고요한 | 송현지(문학평론가)

| 1부 |

그 먼 언덕에 한번 다녀올까

벌목

새가 손목을 쪼는 꿈은 따스했다

붉은 포클레인이 숲을 무너뜨리는 대낮을 보고 난 후

몸 상하는 것을 조심하라는 해몽이 떠올랐다
새가 손목을 더 깊이 쪼아댔다

새들은 내려앉을 곳이 없어지고

저린 손목에는 공중의 노래가 알처럼 모였다

향기로운 목질은 사라지고
생목 냄새가 올라왔지만

부러진 나무 대신
손목을 내놓았으니

새들이 사라진 자리가 욱신거리는 저녁

내 몸을 따라 꿈이 떠돌았다 새는 나무를 향하다가
곧장 부리를 내리꽂았다

벌목

손목이 부러진 꿈이었다
손목 깊숙한 곳에 나이테가 파였다

귀신새가 제 새끼를 안아 기르던
벌목된 숲으로 손목을 품고 간다

나를 깨우는 귀신새가 울던 산속 메아리 베어지고
가느다란 호각 소리 내며 찬 공기 밀어 보내면

새끼를 위한 일은 손목을 돌리며 밥 짓는 것이라고
일러주던 당신

뒤늦게 찾아온 숲

나의 음울, 음색에 어둠새는 고요를 새겨넣고
뾰족한 어금니가 박혀 있는 듯

숲이 자라나는 속도로 멈춰야 했지만

산은 무엇을 삼켰는지
구덩이마다 온기가 남아 있었다

등 뒤에서 긴 그림자 쓰러지는 소리

휙 돌아들 때
다시금 나이테가 회오리치고

아픈 손목을 돌리며 밥을 짓는 일

그 소리에 다녀온 날 나는 잘린 나무에서 내려오지 않았다

절정이라는 말

 멀쩡한 게 하나도 없다는 언덕으로 단풍놀이를 가기로 했다
 눈도 코도 입도 흐려진
 우리는 붉은 립스틱을 챙겨 길을 나섰고

 갇힌 여인들이 립스틱이 없어 창백을 감추지 못했다는 아우슈비츠, 그 기억이 왜 떠올랐을까 붉은 기운 돋우려 입술을 깨물었을까

 무서운 것이 잊혀진 무서운 세상에서
 속이 타들어 가야 단풍놀이를 나설 수 있냐고 물어오면

 고통에는 고통이 없다고
 수북한 잎들
 색이 바래고 빛이 희미해지고 있었다

 입술을 덮고 구멍 난 잎을 덮고
 영혼 위에 두는 발은 흔적 없이 미끄러지는

죽음에 차렷 경례,
폭력과 비문은 어디에 숨어 있을까

하나둘 사라져간 여인들의 립스틱 색을 찾을 수 없어 핏빛 단풍놀이는 끝나고 무엇을 몸에 문지를까 생기를 찾아야 하는데 벗어나야 되는데

말라가는 잎이 많으니 절정이지요 슬픔에는 슬픔이 없는 것, 난장의 희미한 미소를 떠올리며 다시 한번 죽음에 차렷 경례!

절정이라는 말의 멀쩡함,

대낮을 나선 우리는 우리라 말할 수 있는가, 한 사람이 되물었다 떨어진 잎들은 색바랜 립스틱으로 오래도록 붉었다

입술이 까매지도록 어둠을 물고 있는 날이 거기 있었다

빙하 장례식

왜 하필 그때 푸른 얼음에 갇혀 있는 빛 이야기가 나왔는지 모른다

우리는 길을 잃었고 하루의 한때인지 영원인지 하염없이 걸었다 밭에서 일하는 농부들을 만났다 길을 물으면 모두 말이 달랐다 나이가 많아 보이는 사람이 불쑥, 옆도 돌아보지 말고 곧장 가라고 했다

네모난 나무를 넘어가면 저 멀리서 무리 지어 오는 그림자가 보였다 길은 많은데 갈 수 있는 길이 없었다

빛은 빛을 일렁여 앞을 막아 세웠다가 틔워 주기도 했다

무덤가를 지나 흰 개를 끌고 오는 남자가 방향을 물었다 그는 그을린 손으로 원을 그리며 해를 가리켰다 조금만 가면 얼음바위에 미륵이 있어요 거기까지 가서 안마당으로 바로 질러가세요 길을 가르쳐줘야 할 사람이 누구였던가

미륵은 아주 먼 곳이라는 느낌이 들어서 미래까지 가야 하나, 우리 중 한 사람이 속삭였다 미래까지 못가더라도 제자리로 돌아갈 수 있기를

미륵을 물로 닦고 있는 사람이 다시 물었다
왜 남의 집 안마당을 질러가느냐고

우리는 가로지르는 순간을 볼 수 없었다
모두가 빛 속에서 늙어가고 있었다

남자의 개는 다른 방향을 주시하고 있었다 우리는 의기양양 길을 떠나는 용사처럼 발걸음을 내디뎠다
잠시 후 몸이 녹아내리는 것 같았다 부서지고 있는 이정표, 과거가 가로막고 있었다

빛을 다 쓰면 돌아갈 수 없다는 말이 들려오자

끝까지 가야 에덴이 나옵니다 다른 쪽으로 가면 작은 연

못이 스스로를 비출거예요

 마지막으로 만난 사람은 입이 녹아내리고 있었다

 나는 아침에 쓴 조서를 유리창에 붙여두고 왔다는 사실을 기억했다

 "오크 빙하는 최초로 빙하의 지위를 잃었습니다. 앞으로 200년간 아이슬란드의 모든 빙하가 이 길을 따라 사라질 것입니다."*

 그 밑에 붉은 글씨를 남겨 두었다

 빛을 하루 종일 헤맸는데 하얗게 사라진 자리가 끝없이 멀어지고

 내 엄지발가락이 꺼멓게 멍들어 가고 있었다

* 빙하 추모비. 2019년 8월 18일 빙하의 대지 아이슬란드에서 오크예퀴들(Okjökull) 빙하 장례식이 열렸다.

장편

유월에 먹은 케이크 개수는 헤아릴 수가 없어요
장마가 시작되는 날부터였지요

살구케이크 망고케이크 이별케이크
뱃속에 쌓이는 생크림은 나를 휘핑크림으로 부풀어 오르게 해요

케이크 좋아하세요,
기린모형이 서 있는 곳으로 가면 케이크를 산뜻하게
빗줄기가 쏟아지는 계절로 가면 케이크가 끔찍하게

우울은 왜 사라지지 않을까요
다음 꿈에서는 무섭지 않기 소멸하지 않기

아무도 모르게 도시에서 도시로 흘러 다니기
밤을 새워 다른 사람과 이야기하고 싶어하지요

안드로메다에서 아직 내게로 오지 못하고 있어요

유일하게 개와 고양이에게 다녀오기

이야기 옆에 케이크가 놓여 있어요
누가 가져다 놓지 않았는데 부풀어 올라요
정유정은 나보다 더 잘 먹어요 주말에는 아이스크림도 먹는대요*

내가 먹고 싶은 아이스크림케이크는 갸또아이스크림 구겔호프아이스크림

고개를 들면 바깥은 새벽인지 저물녘인지
고개를 들 때마다 손으로 무엇을 하고 있는지

사실 케이크를 한 입도 먹지 못했어요

참혹한 장편,

끝내기 전에 그 맛을 알면 온통 무너져요

* 살인범 정유정의 부산 구치소 식단 기사에 대한 댓글.

뷔히너

뭐, 뷔히너를 읽으려고 뷔히너를 좀 더 일찍 안 스무 살의 너에게 주황색 노을빛 책을 빌렸다 사실 너에 대한 관심이었겠지 뷔히너— 라고 읊조리면 왠지 궁금했던 너에 대해 일부와 다른 전부가 읽혀질 것도 같았다 입안에 가득 이름을 넣어 입술을 내밀었다가 네게로 당기는 안쪽, 힘을 힘껏 줘도 뱉어지지 않는 너의 시위대 속 연기, 나의 아웃, 너의 미래, 나는 너의 뷔히너를 반 정도 읽다가 이십 대를 모두 보냈다 너는 너의 뷔히너를 받지 못하고 삼십 대를 흘려보냈다 너의 늦은 결혼과 나의 잦은 이사, 사이 우리는 잃어버렸다 이삿짐에 넣지 않은 뷔히너 아무리 되물어도 생각나지 않는, 너는 그때 내 곁에 없어 돌려줄 우연을 놓쳤다 그 봄밤 네 옆얼굴 그림자를 내 쪽으로 펼쳐보았다 몇 번이나 흔들리는 꿈, 붉게 물든 뷔히너 전집 속 너는 아직 거기에 있다, 없다

연희동

   폭염에 살구 한 알 들고 가는 꿈이었다 살구는 악몽을 이끄는 따뜻한 알일까 나는 깨뜨리지 않으려고 손안의 열기를 가라앉혔다

   온몸이 멍들기 시작했다 자고 나면 무름병, 이유 없이 검은 입속을 열어 보이고 떠나온 것처럼

   우리는 이곳을 이미 찾아온 사람인 듯 이제는 그곳이 없는 듯 이상한 주소를 들고 서성였다

   그림자가 우거져 있고 담이 높아 보이지 않아요 나는 망친 얼굴을 손에 들고 있었다

   돌이 날아오르던 그 골목, 꽃을 버리고 싶어서 능소화가 짓무르는 동안에도 향기가 진동하고

   손바닥이 터져 꿈 밖에서 묽은 피가 자주 흘렀다 줄줄 흘러 폭염 속 얼음을 머리에 이고 있으면

아름다운 동네지요, 누구의 말이었나 속살이 입 밖으로 쏟아져 나올 것 같은 골목

돌이 죄다 무너진 담장을 굴리듯 자꾸만 살구를 굴렸다

호스피스 애인

언제까지든 할 수 있을까, 알고는 못 가는 생이야

어젯밤 너는
떠내려오는 흰 뼈를 보았다고 했어

강 가득 슬픔이 차오르고 산이 되고 바다가 되어 있었어

어제의 꿈이었는데
나의 꿈속이기도 했을까

서로의 마음은 깊었고
비애의 무덤 붉은 잎사귀의 무덤 총총 나비의 무덤이었나

하루를 살면 다 잊더라
매일매일 죽음이 나를 깨끗하게 해주더라

너는 그게 은총이라고 했다

은총, 하고 말하면

냉정함이 은총이었다고 말하는
나의 호스피스 애인아

사랑아 부르는 소리가 있었다고
그때마다 냉정함이 살아났다는

울고 있는 사람의 등을 쓸어 주고 나서면
고통도 잊은 채 죽음도 벗은 채

헨델의 할렐루야를 치는

사랑아 사랑아 부르는
음표들

손가락이 건반을 저절로
오가는

모현 어디서든
소읍 어느 미루나무 아래서든

흰 피아노를 두고 사는
알고는 못 가는 애인아

봄날 연두에게 가듯
보석을 다 팔아
그 먼 언덕에 한번 다녀올까

둘레

 내가 쓰고 싶었던 건 못 쓰고 그 결 느티가 눈에 들어왔다 나무 아래에서 멍한 눈빛으로 올려다보는 사람이 보였다 그는 아프다 그의 생을 모르지만 그가 아프다는 것을 안다 나는 느티가 그의 나무라고 생각했다 그는 소소라는 고양이를 키운다 그와 고양이는 나무 둘레를 매일 돌고 가지는 어느덧 푸르렀다 모두는 나무 그림자 속에서 출렁인다 못 받는 공 사랑할 수 없는 사랑…… 여기 아닌 것 알 수 없는 둘레를 돌다가 먼 하루가 끝날 것 같았다

2부

귤꽃 향기와 첼란

하란

주정뱅이는 늙어도 돌아오지 않을 것이네
어미는 젊어 홀로 빈 나무속으로 들어갈 것이라네

밤이 되면
네 속눈썹이 젖어
마지막 빛을 끌어 덮을 것이라네

새들이 날아드는 지도를 펼치면 하란에 도착할 수 있겠니

산을 넘어온 바람이 보자기를 풀어
금빛 울타리 엮는다면 정말
치솟아 오르는 검은 새의 하란에 도착할 수 있겠니

네 눈동자는 이미 돌볼 수가 없다

아비는 늙어도 돌아오지 않을 것이네
어미는 두 눈 멀어 홀로 검은 잠을 잘 것이네

울음이 오는 길을 막으려고
두 팔로 얼굴을 파묻고 있는 아이야
배고픔을 견디려고
간신히
흙바닥에 목구멍을 박고 있는 아이야

흙의 일은 흙이 모른 채
아이를 뒤덮고 있다

귤꽃 향기 엄습하는데 첼란을 읽다니

새카맣게 타버린 새, 새벽 꿈속까지 따라왔다

새벽의 검은 우유 우리는 저녁마다 그것을 마신다

첼란의 검은 우유, 무서운 그것은 발등을 스치는 새의 무게, 새의 영혼이 방으로 들어올 수 있으니 문을 잘 닫고 다니라는 암시

차려진 빵 꿀 우유 차례로 색을 살피다가 가슴이 저며온다

서로는 편하게 바라보려 했고
그 사이 병 들거나 죽은 자들의 이름을 호명하다가 흩어진

우유가 바닥을 보이고 꿀은 아직 넉넉하다
빵은 자꾸만 구워져 나오고

이어지다 만 단락에는 무정부주의라는 말이 식탁 모서리를 넘어 다니고 벽에 붙은 청어 장수 아버지의 비린내 끝과

시작이 없는 사연이 들끓었고 갓 낳은 아이를 칠흑 갈대숲에 유기했다는 하단의 일에는 다들 침묵했다

  무정부주의자의 뜻을 정확히 몰라 무정에서 잠시 씻기지 않는 우유 비린내, 유기와 살인의 시점은 아기 폐를 잘라 띄워 봐야 안다는 또 다른 주검, 죽음의 냄새들

  뱉어야 할지 삼켜야 할지 모를 저녁이 오면

  귤꽃 향기 엄습하는데
빵 위에 실 같은 검은 꿀 흐른다
빛도 없는데 가느다란 새의 그림자가 휙 스치고

어디선가 비린내가 덧발라져 피어오르고
우유가 끓어 새카맣게 타버리고

누구의 몫인가
새벽의 검은빛으로 점점 침전된 채

또 무엇이 타들어 가는지 어둠의 한 곳을 옮기는 새떼 그들만의 부리와 울음 먼지와 재 구름

숲은 새를 들어 올리는 일을 시작하고

일요일의 만찬

마술사는 왕관앵무를 손등에 앉히고 등장했다

응달은 임금님이 쓰시는 왕관이야
응달은 임금님이 쓰시는 왕관이야
앵무가 따라 했다

모자를 벗자
앵무는 손등에서 한발씩 균형을 잡는다

모자 속에서 솜사탕이 부푼다
폭로가 솟구치고 모의를 꺼내 들고 장미가 피어난다

앵무는 검지에서 손등으로 올라앉는다
앵무가 왕관 깃을 펼칠 때
사람들은 앵무의 말을 따라한다

응달은 임금님이 쓰시는 왕관이야
응달은 임금님이 쓰시는 왕관이야

모자를 던져올리자

앵무가 천장을 날아오르고
마술사가 흰 천을 접었다 폈다

떠들썩한 환호성
언제든 앵무는 앵무
임금님은 남겨진 임금님

응달이 뭐지요, 이 세계의 응달이 계속 생겨납니까
왕관은 언제 완성됩니까

완성된 적 없는 왕관은 누가 견디는 겁니까

사람들의 손바닥에
깃털 하나씩 놓이고

일요일의 만찬은 끝이 없다

검은 국

어제는…… 시작되는 이야기는 쓸렸다 밀렸다 끝이 없는 실패 같습니다

저녁 개펄이 눈앞에서 십 리까지 검은 얼굴을 드러내는 시간은 당신의 어제입니다

물이 빠져나가는 소리가 사람의 숨과 같아 속삭임으로 들을 순 없는 것

당신의 일이 아니라 나의 일은 빛을 덧대어 지나간 순간이 되고 숨이 쉬어지지 않아 뜨거운 국 한 그릇 먹는 이 저녁

흑발의 윤기 감도는 김국을 먹는 날이 있었습니다
치렁치렁한 물풀은 어둠과 닿으면 보풀이 일어나 무섭게 부풀어 오르고 세상을 덮고 칠흑을 덮어버리고

가라앉은 배가 떠오를 때 괜찮아졌습니다
이제 떠나도 되지만 여기가 좋아져 남기로 했습니다

어제의 수평선이 아니라서
당신과 마주 앉는 일은 나의 표정이 되었습니다

무섭도록 얼굴을 들이대고 검은 국을 마시는 일은 바다의
몫이 아니었습니다

그곳에 비술나무 한 그루 있었다

열었다가 닫았다가 세웠다가 눕혔다가 대낮을 찾아다니
는 동안 우리가 어디로 가는지, 한 사람이 물었다

나무를 보고 온 날이었다
같은 자리를 맴도는 것은 나무의 일이 아니었다

모두가 푸른 잎과 함께 할 때 맨발이 되어 웃었다

아무리 걸어도 처음으로 가게 되더라는 폭설을
찾으려고 하면 아무 것도 보이지 않게 되는 폭우를
식은땀으로 닦아내면
그곳에 잘린 비술나무 한 그루 있었다

손톱만한 활엽의 순들이 다시 땅을 뚫고 올라오는
벌목의 향기 남아 있어

하염없이 걸을 때
귀에는 새가 날 듯 종이 넘기는 소리 들렸고

산은 길을 잡고 놓아주지 않았다

어디에서 돌아서야 할지 몰라
서로를 바라보며
각자의 빛살을 발바닥까지 통과시켰다

벌목

아버지의 수레 위에서 잠이 들었다

춥지 않은 날이었고
백양나무 숲을 지나 산정까지 올라간 아버지는 내려오지 않았다

산막에 갈 때마다 나를 데리고 간 아버지
꿈마다 따라나서면 검은 동굴을 지나
굴러오는 나무 둥치 소리

금광 채굴꾼들이 지나간 자리,
흰 바위 채석장 지나면
공원묘지가 하나 생겨난

어둠 속에서 첫 별을 파랗게 씹으며
다시 잠이 들었다
북두칠성은 어둠을 몰아오고
흰 여우가 아버지를 노리고 있었다

아버지 그 나무는 베지 마세요

거기 새끼 여우가 있어요 푸른 잎 얼굴을 가린 채 아직 눈도 뜨지 못하고 있어요 잠을 건드리면 안돼요 무서움을 베면 잠들 곳이 사라져요

어미를 안고 잠든 새끼의 온기가 무서웠다

아버지 등을 덮치는 그림자 수런거리는
그 여우골 깊은 산중

아직도 아버지가 울음을 베고 있고

반애조 半愛鳥

새 이야기를 꺼냈지만
새를 제대로 키워본 사람은 없었다

날개를 다치는 일이 많았다
겨드랑이 밑의 깃털을 잘라주면 잘 날지 못해요

나는 문조를 키우다가 싫증이 났으므로 실수를 해 날아갔
으므로 아니, 힘들어서 날려 보냈으므로
너를 들여왔다
너를 유리 상자에 두고
헛바닥 들여다보듯 보았다

빛이 필요 없는 너에게
먹이를 먹지 않는 너에게
저녁이 올 때마다 쓰다듬고 물을 주었다

꽃이 피어나기를 기다려도
꽃은 잘 피는 것이 아니니까

물을 양껏 먹이고 돌아서는 어느 때

나를 왜 키우는 거지요?
몸에 돋기 시작하는 말인지 날아간 새의 말인지 너의 말인지

새벽 창을 열 때마다 쓰윽, 스치는 날갯짓은 차가웠고
너의 말은 나의 말이 되지 않았다

네게 지어준 이름에 갇혀

어느 쪽으로도 향하지 않는 눈빛
다 내어주지 않아도 날 수 있는 사랑을
반만 할 수 있어 다행이었다

네가 손바닥을 불쑥 보일 때

그을린 성벽이 어른거리거나
사막바람 속에서 리넨이 흘날리는 것 같아

네 몸에 한 겹 두 겹 성전의 둥근 종루를 만들고

물고기나 새가 되어 새겨나가는 애정과 불운의 실금들

이제는 온몸을 저어나가는 풍랑 속 무럭무럭 서사가 피어오르고 검은 잉크를 묻혀 세계를 기록해 나갈 때

네가 끄적여 쓰는 말, 바람은 숨겨진 죽음

펜 끝에 달린 깃털
인간적 고통 앞에 중립은 없다*는 말씀 끌어오면

허용되지 않는 검은 백지를 완성할 수 있을까

이파리 하나의 가벼움을 알아 손등을 다시 뒤집으면

회복되지 못한 날들은 나무에서 별까지 번지기 시작하고

그 손바닥이 뻗어나가는 자욱한 숲속을 알지 못해 불구덩이 속에 넣은 너의 어둠은 아직 거기 종루처럼

* 프란치스코 교황의 말씀.

새의 군무를 보고 온 날

6,000
Dandelions

6천 개의 민들레로 만든 책이래
나뭇잎 꽃잎 네잎클로버로 이야기를 잇는
흐름만으로 감정을 느낄 수 있게

여기까지다
검은 눈 내리고 계엄령이 내려지기 전 너의 말
불가능한 민들레를 꿈꾸고 모감주를 노래할 수 있고 서로 행운을 빌 수 있는

철새도래지에서 새의 군무를 보고 돌아온 날 그 끄먹거린 빛 꿈까지 이어놓고 싶었다

아찔한 붉은 자루 같은 일몰에서 생의 아픈 말이 생각났으나 더 이상 말자, 괜찮아 조심하며 가자 밤이 무사히 시작되리라

6천 개의 민들레가 모여서 행간을 휘젓는 바람이 일순간
푸조나무였고 눈에 잘 띄던 빛살이었고 녹음해 온 새의
울음소리 음색을 그리려던

햇살을 쬐고 왔으니 오늘은 편안히 잘 수 있겠지
노란 웃음이 방 안 가득했었지

6,000 Dandelions

꽃밭 위 들이닥친 발자국, 짓밟힌 민들레 검은 홀씨

함형수

요절에는 절망의 달디단 향기가 났다

스물 아홉이면 어떤 나이인가
서른 셋보다는 흰 강에서 멀다

함형수라는 시인을 어제 알게 되었어요
그녀는 요절한 젊은 영혼들을 찾아서 명복을 빌어준다고
살구나무 아래서 말했다

툭, 툭, 툭, 명, 복

시집 없이 정신착란…… 과육 중에 가장 쉽게 물러지는 게
유월의 살구인 줄 몰랐다 사람의 말소리에도 상처를 입는

검은 벌레가 구멍을 파고들어
씨까지 당도하고 있었다

한순간에 깨지고 멍든

주워보면 손가락에서 투명한 물이 흐르고

요절에는 다른 명목을 두지 않은 듯
그가 남긴 서른 편 시의 빈칸을 들려주고 있었다

나의 무덤 앞에는 그 차가운 비碑ㅅ돌을 세우지 말라
나의 무덤 주위에는 그 노오란 해바라기를 심어달라

오늘 저와 함께 걸을까요
가까운 곳에서 벌떼 같은 햇살이 끓고 있었다

아틸라 요제프*

　호수아파트 공세로에서 남쪽 바닷길 서금동까지 '일곱 번째 사람'이 왔다
　책 포장을 뜯지 않고 가을 바다를 향해 걸었다

　내 손바닥만한 시집은 보낸 사람이 고요히 읽었던 지문의 결

　손끝으로 오는 무늬 남모르게 희고 검은 돛
　가벼운 뼈 죽은 새 녹색, 파란색과 회백색의 세계를 생각할 때마다

　눈이 버적버적 오는 날 담배를 물고 재를 넘어가는 모습 꿈도 없이 돌아나가고 사라진 창에 얼굴을 들이밀면 맑고 투명한 일들이 주름져 있다
　피리 한 자루 뜰의 깨진 피리 한 자루

　잃어버린 것들을 둘 데가 생겼다

아직 일곱 번째 사람을 펼치지 않았다

* 헝가리 시인.

돌발성난청

병은 낡은 악보 같아서 혼자 울컥거리며 뱉어내는 속내

소통구는 여럿인데
당신은 당신을 소리쳐 부른다 임금님 귀는 당나귀 귀

당신은 고압산소실에 들어가야 들을 수 있다고 했다 대나무 서어나무 현사시나무……
모든 숲을 불러와도 바람이 일렁이지 않는다, 숲이 생기지 않는다고

암실의 필름에 어른거리며 허물어진
돌발성난청이 또 나타난다 임금님 귀는 서쪽 바다에 빠져 질척, 붉게 피어오른다 세상의 반대편까지 당겨와

뱉어낼 데 없는 귀는 빵과 포도주를 싣고 먼 길을 가는 당나귀, 그 짐승은 죄를 모르는 시인의 친구
당신은 알아들을 수 없는 말을 하고

청단풍일까,
청신경은 숲을 불러와 잎사귀를 틔울 수 있다고 속삭인다
달팽이관의 내력을 삼키고 딥스테이트는 아닌 것이지 고통을 못 느끼는 이상한 날조 조용한 채팅방은 때마침 메아리가 생겨나고

병이 깊어갈수록 낡은 악보는 텅 비어

주파수가 뒤틀린 목소리, 난청

벙커였지 고압산소실에서 당신은 휘청거리다가 구토를 하기 시작했다

3부

물과 물을 건너다니는 고독

빛 속에 앉아 있었다

겨울 창가로 내리는 빛은 너무 밝아 글자가 보이지 않았다

무엇을 읽었는지 몰라 좋았다

이렇게 흑백으로만 살아도 되지 않나

잠시 떠돌아도 좋을 계절 봄이 오면, 나는 여백으로 남고자 했다

빛 속에서 책을 읽는다는 건, 먼 속삭임을 느낄 수 있는 일
살얼음 아래 금붕어가 미동 없이 빛을 받듯

듣지 못한 이야기가 들려오고
창밖 언덕에서 미끄러지는 마른 풀냄새

고분에서 오는 빛

무덤 속에는 죽음이 없겠지

깊이를 읽으려 할 때

이 세상을 오게 해준 힘은 알 수 없어 좋았다

배 고프지
슬픔의 말씀처럼 담백하고 따스해서 그 뜻을 다 알아차리지 못했다

겨울나뭇가지 사이로 내리는 빛

서로의 의자를 내어주며 얼굴이 잘 보이는 쪽으로 자리를 옮겨 앉았다

우리는 시간을 느끼고 있었다

무언가 곧 도착할 듯

앞세워 걷는 나무

초여름, 젊은 아까시나무 가지에 매달린 꿀 가득 품은 고불고불한 술 장식이 어떤 느낌인지 상상해 본 적 있어?

내 아버지는 벌치기, 나에겐 아카시아꽃만큼 아픈 꽃은 없지
나의 피는 유목일까

발 헛디딘 적 많아 평생의 긴 하룻밤, 아직도 나를 비애하고 있는 거지

메리 올리버의 시를 읽는데 왜 아버지 생각이 날까
저녁과 아침, 새벽과 밤의 순서대로 말미를 보내고 봄이 오면 남쪽으로 떠날 것이라고 나는 말한 적 있었네 이듬해 돌아오면

검고 긴 나뭇가지들 사이로 들어가 본 적 있어?

올리버가 나에게 말을 걸어오는 듯해

시의 숲으로 들어가고 싶었어
아니 차라리 시를 놓아주고 싶었지

나를 방치해 온 시간

몇 년의 날씨가 필요할지 모르겠어 당분간 십이월은 이르고

죽음으로
숲으로
나에게로
더 다가가지 못해 나무를 앞세워 걷는 일
흰 꽃잎을 따 먹는 일
빠져들어 빠져들어

이봐, 그저 조금씩만 숨을 쉬면서 그걸 삶이라고 부르는 거야?

나의 길은 방황, 나로부터의 방황
이제 돌아가고 싶다고 했을 때

발 앞에 돌멩이 하나
나는 집으로 향하지 못하고
슬픔은 늘 새것인 양 내일이 태어나는 순간을 믿으면서

물결은 집으로 돌아가고

   수어의 낱말을 모아 서랍에 넣어두곤 했다

   소여주머니, 마음속깃, 항여울잇 우표에 침 묻혀 편지에 붙이듯
   풀려나간 나를 붙들어 놓는 날이었다

   반벙어리 사촌은 같은 동네에 살고 있다

   그녀의 손짓은 나뭇가지에 앉은 새처럼 휙휙 뻗쳐 날아올랐다 살얼음에 아욱 치대는 소리가 났다 보도블럭을 헤아리며 돌아오는 날의 낱말에 한 잎 한 잎 잎이 달리고

   밥풀 머금듯 토토마마 오아요이 첫 옹알이로 돌아가는 것 같기도 한

   다음엔 좀 더 배울게, 손바닥에 써줄 때
   손가락을 걸었는데 새소리가 났다

손에 고인 그녀의 서늘한 말, 부싯돌로 갈아 만든 어둠 앞에 서성이면 서랍 속 뿜어내는 눈빛

봄빛이 지옥 같아 마음을 꿈꾸는 여백이 거기 있어
말줄임표가 있는 백지를 한 겹 벗겨내면 흰 나비 손끝 분가루

그녀가 쓴 자작나무 돌아들면 하루 열 권도 넘게 책을 읽던 맹렬
열병이 어디에서 왔는지 왜 귀를 통과해 나가버렸는지
입말과 수어가 섞여들 때 내 문장을 급작스럽게 흔들어버리는지

간밤에 여러 번 낮을 읽어내는 숨소리
퍽퍽 새를 날려 보내야 하는데 그녀는 이제 누구보다도 말을 잘 풀어주고 있을텐데

방추이랑 마이봄샘 꽃말 같은

음절을 맞춰봤다 흔들리는 어스름녘 말풀 밑으로 숨어드는 송사리떼 끊어졌다 이어지며, 집으로 돌아가려는 물결

저녁이 생겨났다

  해안가에 떠밀려온 다시마를 끌고 내 방으로 가야겠다는 생각
  거기서부터 나에게 저녁이 생겨났다

  뿌리째 뽑혀 엎드려 있는 저녁
  나는 너무 밀려온 것인가

  밀려나고 쓸리는 일이 바다라면

  가까이 가서 손끝으로 대어본다는 것
  푸들푸들 지느러미가 활개를 쳐
  뻣뻣한 이 부피

  내 거처로 데려가자

  양쪽 손으로 번갈아 쥐며
  끈적거리고 미끄러운 마음을 데리고

어둠 추켜올리며 가자

뼈만 남은 청새치는 아니라도
바다를 끌고 먼 항해를 마친 느낌

서럽게 떠밀려 멍든 자리가
깨끗하게 떨어져 나왔다

예속된 길, 성성한 냄새, 벼랑 끝

철문 앞에 철퍼덕 놓는데
물갑옷 소리가 났다

내가 끌고 온 것은 젖은 길이 전부가 아니어서
저녁에 바다라는 넓이와 깊이가 생겨났다

귀룽나무

저 높이가 왜 불같지
초록이 붉은 것보다 문득 뜨겁다

나무 둥치가 잎을 밀고 나오기 시작할 때
연두를 거치지 않고 초록으로 냅다 번지고 있는 기운;
귀룽

밤낮없이 쏟아져 나오는 혼란은 출렁거린다

저런 속도가 있다니
구름나무라고도 불리는, 들판을 질러가는 푸른 밤이 궁금해지고
흥건히 입안에 고이는 것이 있다

깊은 산골짜기에 자란다는 나무가 나의 이마 위로 어른거리고

흐드러지는 건 꿈이 말하는 방편, 소스라치게 뻗어 오른

산물 냄새가 아스팔트 양쪽으로 그득하다

  허공이 초록을 삼키다 받아내는 수목한계선
  틀어막고 있는 말을 뱉으라고 뱉어내라고

  숲을 뒤로하고 일갈했다
  더 이상 밀리지 말 것

  흰털귀룽 차빛귀룽 녹털귀룽이라는 꽃술의 의견 묻지 않아도 구름이 흩어지는 골짜기, 알 수 없는 나의 체증을 다스리고 있는 초록이 뜨겁다

  총상총상 새들이 구름나무에 앉으면 소리가 귓가에 닿는다 잎맥을 실토하는 문맥이 투명해졌다

지독한 여름이니까

　당신은 검은 물이라서 마음을 잘 다독여야 할 시기라고
했다
　뜻을 살피다 빛이 흔들렸다

사람들이 은행나무 길을 오가고 있었다

검은 물감으로 그림을 그리다 오는 길이라서 그런가
오늘 본 물은 심연이 밝은 검은색이네요
손을 넣어 흔들면 곧장 투명해질 것 같아요

유리에 비치는 저녁의 표정이 점점 선명해져 오고

　나는 비밀의 방을 가진 사람이라서 여름 태양 아래서도
죽지 않을 수가 있어요
　그래서 당신과도 이렇게 마주 앉을 수 있어요

　당신은 당신의 땅을 언젠가 가지네요
　포기하지 않는 고집이 그곳까지 데리고 갈 거예요

은행나무는 줄지어 푸르고
언젠가 이곳에서 다시 만나게 되면 당신의 땅과 나의 방에 대해서 말할 거예요

당신은 검은 원숭이자리이고
나는 물과 물을 건너다니는 고독한 처지이고

모든 생은 좋은 것이 반, 좋은 것을 모르는 것이 반
당신과 나의 만남에 서늘한 바람이 건너오고 있습니다

검은 물은 내면이니 자신 밑의 그림자로 떠날 준비를 하세요
여름, 지독한 여름이니까

수목원의 빛

드라이플라워 꽃잎 같은 수천 날갯짓이 하늘을 채우며
새의 군무가 진행되는 동안

허공을 부르는
단어 하나 만들고 싶었습니다

그 시간에 당신은 떠나고 있었습니다

바다 건너 먼 나라, 당신의 집에 도착하면 맨 먼저 필통을
열어보겠다는 쪽지를 남겼지요
　새들이 방향을 바꿉니다
　연필 깎는 소리와 눈 밟는 소리가 같다고 당신은 말했습
니다

　필통 가득 연필을 채워놓곤 하셨다는 당신의 아버지

　죽은 꽃과 산 꽃의 무게가 똑같다는 저곳,
　인간의 발자국과 새의 날갯짓은 같은 방향으로 나아간다

는 바람의 말에 안심을 합니다

　아버지가 깎아주신 연필을 심장에 대고 눈 내리는 소리를 쓰시겠군요 당신, 끝나지 않을 마지막 장이 허공을 펼쳐들고 있습니다

나무의 온도

이 박달나무의 온도는 몇 도일까요
당신은 물었다

풍란의 눈 나비의 무늬를 궁리하던 나는
나무에도 온도가 있나요 했다

박달나무는 추위를 타 옷을 많이 입어요
굴참나무는 수피가 스펀지 같지요

당신은 나무를 만진다
온도가 느껴진다는 말은 내 몸에 가까운 말
땅에 발붙이는 일

쪽동백은 더없이 차가워요
자기 보호를 할 필요가 없어요 아주 강해요
당신의 입술이 붉어진다

나뭇잎은 저 너머 죽음까지도 알게 하는 것

키 큰 나무에 등을 대면 서늘하지요

구름을 넘어가는 나무는 잘 부러지지 않아요
내 왼손을 오른손에 올려놓으며
나뭇가지에 팔을 뻗어 올리며

나무에게도 온도가 있다는 말이
풍란의 눈 나비의 무늬를 따라가는
내 마음을 숲의 온도로 높여주었다

우주목 물푸레나무는…… 다시 시작되는 물음은 몇 도인가요

나와 남자는 웃었지요
— 샤갈에게

문구점 가는 길에
염소를 몰고 오는 남자를 보았어요
저 염소가 어디서 왔을까

안녕, 작고 하얀 뿔
만나는 구름 헤어지는 나무

돌아오는 길에
염소를 몰고 오는 남자를 다시 만났어요

나와 남자는 웃었지요
두 길이 합쳐지는 곳
나는 붓펜과 크로키 북을 들고 있었어요

"문득 내 오른손 손가락은 일곱 개인데 왼쪽에는 다섯 개"
로 보일 때가 있지요
　그것을 그렸지요

저기, 요
남자가 말했어요
우리 천변이라도 걸을까요

  나와 염소와 남자는 물 건너 언덕을 향해 갔어요 언젠가 본 일이었지요 그림 속 그림으로 들어간다고 생각했어요 내가 뛰어놀던 들판, 염소와 연인이 흘러들며 빛나고 있었어요 이리 와 작고 하얀 뿔, 염소는 뿔을 바위에 긁어 대고 있었어요 손바닥에는 물결, 이마에는 풀냄새 마을의 잔치가 곧 시작될 거예요

돌배나무

너를 내가 얼마나 사랑한 줄 아느냐고 술 취해 들어오면
천장까지 안아 올렸다는

강가에 그 현기증을 안아와 심었다지요

몇 년째 꽃소식 없어
아이 소식이 없어
이혼을 해야 하나 너를 두고 떠나야 하나 생각했다 하지요

아득함 심어 둔 자리에
강 건너가 생겼다지요

가지 사이에 돌을 끼워 둔 둥근 알, 오지 않은 혼
주술은 효험이 없나요
잎가지 꽃가지 천일을 올려다보고

이제 서로를 잘라버려야겠습니다
그 말의 아찔함

강 뒤쪽으로 무엇이 필지 아무도 모르는 이듬해

돌배나무 꽃망울을 찢는
참을 수 없는 현기증
여보, 아이를 가진 것 같아요

밤마다 나무의 귀를 잡고 놓아주지 않던
내가 너를 얼마나 사랑한 줄 아느냐고 천장까지 안아 올리던

유리산에 가다

유리산琉璃山을 유리산遊離酸이라고 오독한다

당신을 분리해 내고 남은 마음은 늘 0.1%다
미량은 나의 전부이다

초미량은 또한 극미량을 여전히 떼어내지 못한 채

우리의 이번 생은 안개에 휩싸인 유리산을 헤매는 결말이면 되겠다

(자작 잎이 밤새 이슬을 모았다가 신이 떨어뜨리는 물방울의 순간을 목도하면 되겠다)

그날 새벽녘 당신은 가뭇가뭇 다가왔고 유리산누에나방의 고치를 심낭처럼 붙여온 그 산을
다시 가보자고 열어본 적 없고 열린 적 없다고

자작나무숲에서 봉해진 집을 보고 말이 없었다

통유리에 비친 설산 같은 말 나는 붉은 화병을
　절망의 당신은 연필 하나를 놓는다 우리는 어디까지 닿을
수 있을까

　오독이 아닌 서로의 표정이 비치고

　저물녘 당신은 끝내 분리되지 않는 감정을 재차 물어왔고
풍경에 소리를 매달고 있었다

　비껴선 빛 아래
　떨어져 나온 당신, 혹은 나의 마음에 유리산누에나방의
잠을 챙겨 넣었다

나의 식물성

노루귀꽃을 보고 탄식하는 동안
킬레나무와 사랑을 나누는 방드르디를 꺼내들었다

나뭇잎은 나무의 허파, 허파 그 자체인 나무, 그러니까 바람은 나무의 숨결

무엇이 그를 나무와 사랑을 나누게 했을까

아직도 강렬하게 남아있는 그 하랑하랑
느랑느랑, 풀어놓는 흰 빛
나는 노루귀꽃을 몸짓으로 안았다

고독은 아름다운 형벌

호흡을 느끼고 영혼을 쓰다듬고 무릎 꿇고 다시 주저앉는 일 시간이 흘러 알 수 없는 눈물

나무와의 한밤

꽃과의 한낮
나의 식물성과 이제 맞닿은 것이지

반죽음이 된 후에야 신을 찾아 나서듯
몸의 소문에 구색을 갖추기는 싫은 것이지

킬레나무와 사랑을 한 사람은 방드르디가 아닌 로빈슨,
나는 왜 이렇게 오랫동안 착각했을까

로빈슨의 종 방드르디, 방드르디
나이테처럼 그 이름을 떠올리며 살았다

어느 섬을 오르면서
 하루 종일 노루귀 솜털을 쓸어주며 신음을 낼 수 없을 정
도로 터치, 터치

 귀를 번쩍 들어 올리는 순간을

혼자가 넘쳐날 때 꽃들의 입으로 숨을 쉰다

나의 일이 땅에 눕고
하늘을 향하는 일임을 알았다

나비처럼 떨면서

| 4부

신의 거짓말

소리설치가

힘들겠지만 가장 아팠던 상처를 편안하게 흥얼거려 보시겠어요

그녀는 수십 개 선을 내 몸에 설치해 놓고 늑골에 묻힌 소리를 꺼내려는 것 같았다

가느다란 여음
여치나 찌르레기처럼 나에게도 숲이 생긴 것을 알았다

반대로 말해 볼게요
행복한 시간에도 남아있는 아픔을 한번 끌어내 보세요

신은 우리가 힘들면 노래하도록 만들어 놓았을 거예요
숲에서 이슬이 만들어지는 시간 같은 거예요

신이 신나게 거짓말을 만들 듯

바닥과 천장이 단단하게 허공을 짓는 듯

그녀와 내가 앉은 자리에 사이프러스 잎 소리가 들렸다

추운 곳에서 견뎌낸 나무들은 악기의 음색이 어둡고 깊지요

내 몸에 부착된 선들이 가지를 뻗으며 마른 잎을 흔들고 있었다

이제 숲을 걷어낼 거예요
눈을 한 번 감았다가 뜨세요

먼 곳에서 그녀가 나를 깨우고 있었다

소리 매듭은 프라이부르크로 돌아가서 천천히 풀 거예요 화음들이 고요히 내려와 물들다가 다시 사라지겠지요 테이블 위 기계에서 나의 소리가 녹음되어 있었다 검은 그래프는 빛 웅덩이 속인 듯 잦아들고

폴란드 정원

걸어가는 동안 공원은 커져 갔다

당근 샌드위치를 만들어 왔으니 먹고 가자

걸을수록 어둠이 짙어져
통과하지 못한 바람이 비를 부르고
가지 말자는 반문의 숲이 생겨나
맥문동 향이 훅 스쳤다

한 발 앞 상아의 무덤은 흰 달처럼
죽은 나무를 살려둔 거대한 호수, 백조 서식지가 나타나고
걷는 동안 해가 지면 사람들은 갇히곤 한다

이건 폴란드 정원이 아닐 거야
사라진 손바닥을 들여다보는
끔찍한 꿈속인 거지 전쟁도 통과할 수 없을 거야

공원을 걷는 일은
구름 속에서 구름을 찾는
바람 속에서 바람을 잃어버리는 일

전쟁 통에 샌드위치를 주문하고
맥문동 향기가 향기를 들추고

소 등짝을 다루는 빗줄기가 들이쳐
피할 곳 없어

공원 속 작은 정원을 통과하지 못하고 갇히는 발걸음들

빠져나갈 수가 없어 점점 작아지는

꿈을 단속하는 문지기는
언제나 제 자리에서 기다리고 있다

온통 그것뿐이어서,

재만 날리는 이상한 빛이 쏟아져 들어오고 있다

빛의 산

트램을 타고 오가는 날이었다
광장에서부터 핸드폰 배터리가 나가버렸다

내려야 할 마을을 끝내 기억 못하고
여기가 아니지 자정 가까워지는 시간 비가 내리고

어둑한 정류장에 우두커니 서 있는 마른 회화나무 같은 한 남자
보조 배터리의 도움이 가능했던,
맑은 선의가 미소에 어른거렸다

Koh i noor
빛의 산이라는 뜻입니다
당신이 묵는 마을 이름입니다

손가락이 유난히 긴 그는 이름이 자크, 아프가니스탄에서 유학 온 학생이라고 했다 그와 나는 어둠에 섞이는 말을 잘 알아들었나

더듬더듬 번역기 대화였으나
빛의 산 아래서 무슨 중요한 이야기를 해야 할 듯 마주하고 있었다

다음 트램이 오는 동안 비는 잠시 그치고

사람의 피를 손에 대고 싶지 않아요
X선에 관한 의학 공부를 한다고 천천히 말했다

주름진 빛은 숨 닿는 쪽으로
Koh i noor 입속으로 되뇌어보는데

그는 자기 나라의 평화를 이제 믿지 않는다고 했다
내 나라의 안부를 물어 왔으나

물기 젖은 환한 벽이 만져졌다

내 고향 마을에도 채광터가 남아 있었지

가끔 뒤늦게 푸르스름한 돌들이 나왔었다
수정 같은 돌을 가지고 놀던 몇 겹의 날들

Koh i noor, Koh i noor

커다란 빛 구멍은 서로의 눈을 통과해 나가고 있었다

검은 별*

   미스터 뒤샹, 당신의 편지를 꺼내 읽고 있어요 누렇게 나비 얼룩이 배인 종이에 검은 별이 열셋,
   the를 ★로 바꾸었다고 적은 당신의 글씨체는 희미해요

   하필 별이고 검정일까
   하얀 종이를 꺼내 ★을 그리다가
   신은 기억을 잊어버리기도 한다고 적어봅니다

   편지 한 장을 채운 문장 전부가 별 속으로 빨려 들어가는 걸 봤지요

   아무것도 써지지 않아
   휘청거리는 나는 꿈을 너무 많이 꾸는 것 같고

   사람의 꿈을 먹는 신이 있다고 들었을 때 내 어둠을 주었고
   왜 우는지도 모를 때까지 울어야 하는 사람의 일들이 있어

그 하루를 차라리 묻어버리고 싶었지요

미스터 뒤샹, 당신의 ★을 바라보면 흰빛이 문 뒤에 서 있는 듯해요

열셋으로 별자리를 만들어도 된다면 생을 쓱쓱 문질러 쓴 흔적들 슬픔이 내려앉을 때까지 기다리는 저녁

당신을 어느 별에서 처음 만났어요 하늘과 바다가 먼저 도착해 있었지요

* 엽서 형식으로 쓴 마르셀 뒤샹의 작품.

분짜

열어 놓고 온 책장의 한 면 그 면에 면을 더해 열어진 곳을 데려오면 살갑게 같은 자리에 있었다

분짜라고 했다 분, 짜, 그 말이 사라지듯 오고 돌려받는 식으로 통유리의 금 간 면과 선을 다시 잇고

물컵이 엎어졌다 내 몇 발짝 앞, 한여름 기다림은 틈새가 없어져 바다가 저릿해지는 시시때때, 모래톱에 스며들고 하얀 발톱이 바위를 쪼개고 있는

놓쳐버린 사람을 분짜에서 만나볼까, 지나간 일은 습기 속 침묵으로 있기

매일 같은 자리에서 바다의 바닥을 확인하는 때 눈동자를 피했다가 해안 근처에서 발걸음을 멈췄다

남자와 여자의 다정한 어깨가 타지를 견딘다 한 면과 다른 면이 겹쳐 붉은 불빛에 얼굴은 가려져 차라리 편안했다

아침부터 저녁이 나뉘고 접혀 입김과 입김이 서려 배고픈

바닷가 마을에서 우연히 본 베트남 식당 분짜,

왜 낡은 책장 같은 검은 간판 앞에서 멈추는지는 모를 일,
분짜식당의 위치는 두고 온 집을 돌아보는 방식에 있었다

마요르카에서 온 편지

　지난 가을 서로의 창을 바라보며 살았지

　지중해 건너온 편지에 답장을 적는 오후

　(동트기 직전에 밖을 내다보며 *mot**를 찾고 있다고 상상해 봐)

　나를 읽는 듯한 너의 문장
　그러면 하얀 시트 같은 나의 백지에 모호하고 신비로운 그림처럼 글자가 서서히 나타나기 시작하지

　한지박물관에서 본 자음과 모음이 영혼처럼 흘러 다니다가 모아졌지

　(가끔은 영감으로 흘러 다닌 것들이 쓰이기를 바라며 너의 답장을 기다렸지)

　(내가 너를 위해 편지를 썼을 때 그 시를 내 눈으로 볼 수

있을지도 몰라)

　연기처럼 흩어져간 불 휘 곳 됴…… 발음하면 빛과 그림자가 어울려 춤을 추고 여백은 날아올라 흰빛으로 마무리 짓고

(나는 여전히 너의 시와 너의 나라에 대해 생각하고 있어)

　마요르카에 머무르고 있는 너는 바닷가에 서서 또 다른 완벽한 날을 찾고 있겠지

(아마도 너는 몬테로소의 아주 짧은 이야기를 알고 있을 거야

'그가 깨어났을 때 공룡은 여전히 그곳에 있었다')

* moment of truth.

베르너 사세라고 들었다

　사세 씨, 당신이 사랑하는 한국 여자,
　그 여자의 모국어로 쓰인 월인천강지곡, 용비어천가를 독일어로 번역했다지요

　당신 나라의 움라우트(¨), 내 나라의 아래 아(·)가 어떻게 만나는지 더듬어 보는 낮 월인천강지곡, 용비어천가는 신비한 낮별처럼 들리고
　두 나라의 옛 왕이 시인이었다는 생각에 가뭇가뭇 들이치는 햇빛

　만 리 바깥의 일이지만
　눈에 보이는 듯 생각하소서

　천 년 전의 말이지만
　귀에 들리는 듯 생각하소서

　오늘은 여기, 당신이 살던 집 대청마루에 앉아 보아요 저 화단, 백 년 된 영산홍만큼 한글 자모에 붉은빛 비췄을까요

천장을 올려다보면 두 개의 커다란 느티 대들보, 양국을 오가는 배로 써도 무리가 없겠다 싶지요 여름 한나절 마당으로 물바람이 불어

  한국 이름을 사세思世라고 지은 마음이 환한 빛에 나앉습니다 처음과 같이 첫소리와 끝소리 모은 물망장勿忘章 '닛디 마쇼셔' 이제 독일어 노래집을 펼쳐 보면

  서로의 바다를 건너가는 문자향이 환한 빛을 여닫습니다

수많은 얘기 중에 페소아

한 사람을 멀리 보내는 카페에서
발가벗은 기쁨, 페소아의 시구 뒤에 딸려 나온 nothing이라는 말

그날은 I know nothing이 입가에 머물다가 밤을 물고 왔지

그것에 대한 일이었나 폐사지 유성 보러 가는 날의 아무 것도 아닌 것에 대한 농담이었나
아니지……I know……I know nothing…… 나는 모른다는 것을 안다
그 역설에 우리는 웃었고 nothing을 폐사지에 떨어져 내리는 별들에게 끌고 갔지 곧 모든 것이 사라질 것 같은 텅 빈 어둠을 다른 골짜기로 몰고 갔던가 *산으로, 계곡으로, 빛으로, 꽃으로 기뻐진다고*

폐사지와 페소아의 사이가 얼마나 멀고도 가까운지 알 수 없어

그러니, 시간아, 도망치면 뭐 어때?

저 사라지는 별들은 실은 암흑, 가까운 곳에서 빛나는 한 번 두 번 침묵의 검고, 흰 눈이 내리는 미지, 그 숨소리를 듣고 싶어 한밤의 폐사지를 거닐었지

수많은 얘기 끝에 나온 페소아
그리고 한낮 카페에서의 nothing,
한밤의 nothing이 어떻게 다른지 발가벗은 기쁨인지

아무도 모른 채 아무것도 모른 채

한 사람이 떠나고 남은 사람도 떠나가고

5부

슬플수록 사람은 같은 얼굴을 하고

초충도를 치다

풀과 벌레, 꽃, 바람
그들과 한 철 지냈다면
내 무릎 아래 두었다면

화폭 바깥을 뒤집고 싶겠지만

꽃과 꽃씨는 더 밝아졌다
선명해지는 붓끝이 세상을 마무리해 나갔다

화폭을 또다시 뒤집어 보고 싶겠지만, 나는 더 이상 묻지 않았다

쉿! 단잠을 방해하지 말 것

(도망치다, 여백이라고 할 것이 있다)

봄과 나비를 쳐라
여름과 청수박을 쳐라

한 계절 붓끝 가는 대로 화폭 안에서 살았다

주렴과 북과 구름을 치고 나면

바람이 바람의 곤장을 치고

머물 수 있는 날짜가 지나 추워지고
나는 떠나야 했다

원추리와 방아깨비는 죽지 말아라
사마귀와 죽은 꽃은 다시 살아라

조용히 바라보라
힘들고 지친 사람들은 이곳에서 지냈고

역병의 무서운 시절이었다
밖은 아직 겨울이고

강 건너를 불러와 한 철 더 지내도록
허락하는 사람이 있었다

(서로를 앉히자 기쁨이 달아나지 않았다)

하여,

나귀를 봤다
짧은 다리, 둥글고 낮은 잔등 노새도 아닌 진짜 나귀를

청도 어디에 살고 있다는 그 놈을 보러 가자며 스틸사진 한 장 보내온, 실어증 앓던 그녀가 말을 쏟아내기 시작하면

나는 청도를 천축으로 알아듣고 천축국을 허공에 쌓는다
환한 어둠 태우고 내 앞을 천천히 지나가는 봄날

세상이 달라질까하여,

혜초의 나귀라면 그 변방 봄빛 어디든 따라가 볼까
돌아드는 천산북로는 어디인가 천축국은 얼마나 먼가

보이지 않는 길 젊은 혜초는 풍등의 눈빛을 데려오려고 거기 있어 진짜, 라는 말을 타 넘는다

하얀 발과 하얀 입 이마에 달을 몇 개나 올려 차며말며 미

루나무 긴 귀를 뻗어 올리고 허적허적 눈발을 불어내며

   그러나 밤새 무겁고 서러운 꿈을 꿔 깊은 골짜기 넘어오고 넘어가고
   죽은 말 대가리가 굴러다니는 흰 불면을 지나

   시간이 달라질까하여,

   폐위와 옹립의 문장을 엎어볼까
   검은 봄이 지나고 있다고

   모래바람 부는 강이라 느끼지 않는가 붓끝처럼 흔들리며 두루마리 냄새 가득 담은 사막의 눈동자

   먼 곳에서 방울 소리 펼쳐
   다시 말하자 폐위와 옹립을 제대로 읽어내면

   먼지 속 피리 소리가 들리는 스틸 사진, 실어를 풀어버린

그녀의 입을 빌려 왔다

  넌출넌출 넘어가는 봄빛
  천축을 지나 청도를 비껴서면 흰 산이 우는 소리 가득한 보름달 밝힐까하여,

헌화가

 카페 통유리 안쪽에서 햇살을 받고 있었다
 베레모를 쓴 노인이 밖을 지나가다가 잠시 멈춰 섰다 안과 밖의 봄을 서로 탐하며 바라보았다

 문이 열릴 줄 몰랐다
 왕안석 시를 읊으며 석류꽃 한 송이 선물로 주었다 초록이 무성할 때 마지막 홍일점이 석류꽃이라네, 봄은 오늘 같은 것이라 나만 만족하면 마음의 병이 없겠다 하네

 노인은 통유리 한 장을 우연이라 부르며 순간을 잡았다 놓았다 낭자가 앉은 곳이 무사한 지상이지 땅을 향한 꽃은 그 아름다움이 최고라고 스스로 빛나는 일을 하면 된다네

 마스크 안의 말들이 서로 석류알 터지듯 쏟아지고 알 수 없는 날들 이제 모르겠다 모르겠다 곧 끝이 오게 될 것이라 했다

 얼굴에서 잎이 피어 붉어지고

팽팽한 내일을 당겨보는 두 눈길에 마주한 창, 그 투명 절벽에 봄빛이 살 곳이라며 살 곳이라며 손 흔들어주고

흩어지는 날씨

　서로 사이좋게 지내요 그러자 사이가 생겨났다 조심스러운 날이었다 한 사람은 대담함으로 살아왔고 한 사람은 담대함으로 살아가리라 하자 저녁이 왔다

　대담과 담대는 같지 않나요 나는 사라진 게 아니라 거의 사라질 뻔한 것을 찾아낸 기분이었다 마음에서 뜨거운 것을 찾다가 차가운 것을 잃을 뻔한, 차가운 것과 뜨거운 것을 함께 도둑맞은,

　담대와 대담은 한 생이 걸려도 서로 넘어서지 못했다 흩어지는 날씨 속에서 우리는 식사를 함께 했고 내일은 새벽까지 비가 온대요⋯⋯ 경유지가 없는 나무는 가지가 없는 듯 비를 맞을 것이다

　어쩌면 대담보다는 담대로 흐르는 게 좋겠지요

　불씨를 가진 자들이 눈물을 숨겨 두어 다행이었다 눈을 돌려 창밖을 보면 아직 무엇도 오지 않아 내일이 이어졌고

이곳의 날씨는 서로를 빗나가 거꾸로도 흘렀다 감정을 읽어
내는 눈빛들 불안한 안녕, 마주한 이별이었다

빗발치는 처마

어젯밤 '사족의 미'에서 시작된 말은 내내 비 오는 처마를 만들었다 삼킬 수도 뱉을 수도 없는

그 말은 듣고나서부터였다 처마 밑에 서서 길을 헤아리고 마음을 건너가며 눈썹이 젖는 공간을 찾았다

잠을 이루지 못한, 어깨를 움츠리며 서성이면 일렁이는 이마로 빗방울이 몰려든다 새벽 비가 내리고

내 몸 가려주는 굴곡에서 절망스런 '사족의 미'를 또 떠올린다 뱀의 발…… 아름다움…… 나는 나를 풀어놓아야했다

처마 밑에 서면 낯선 도시는 더 가파르게 흐르고 난간을 달아 만든 곳에 내 그림자가 가늘게 붙어 있다

지금 나는 하나의 말을 붙들고 흔들다가 목이 눌리고 있다 무슨 새로운 꼭짓점을 발견해 세우려는 듯

스며 넣고 몸에 스윽 들이고 그 검은 여백 빠져나가지 못해 못내 받쳐 든 고요,

이토록 숨 가쁜 미소, 너의 우연한 말이 나의 새벽을 빗발치게 했다

책비

　아홉 언덕을 다녀온 그날 밤 책비가 되는 꿈을 꾸었다 책을 읽어 주는 노비는 일곱 번 혹은 아홉 번의 눈물을 뺄 수 있는가 엽전이 치마폭으로 쏟아져 들어오는 그 말이 전생을 가로지르는 듯

　첫 이야기가 쏟아져 나오면 극으로 치닫거나 슬픔의 끝을 마주하니

　나는 멈추지 않는 책비가 되어 바다의 먼 끝 구름이 어떻게 사라지는지를 살피러 다니고 아무도 오지 않는 바닷가에서 만나지 못한 파도처럼 날마다 그 사연을 풀어내고
　덮고 덮이는 귀를 씻고 아홉 언덕 이제껏 짓지 못한 옷을 걸쳐 입고 환한

　세상의 책거리로 나서네 부족한 것이 더 나은 세상으로 나가네 엽전이 비처럼 쏟아지는 가득 찬 이야기를 하려는 곡비 아닌 책비가 되어

당신을 한 번씩 불러 보는 사람들, 꿈 아닌 것은 뱃속에도 있고 눈 속에도 있는 사람들, 슬플수록 사람은 같은 얼굴을 하고

끝없는 날들을 지나 그 어디에도 듣지 못한 바다를 일으켜 세워 그때 그 시절 말로 운을 떼어 보고 책 그림자를 던진다 당신은 듣고 계신가

바람이 붉은 줄을 긋고 비를 내려 주고 마지막 한 문장에서 모두가 숨죽이는, 책비 스스로 무명한 책이 되어 이야기는 계속되고 당신은 울고 계신가

몽환*에 부치다

당신의 서신을 어제야 받았습니다 몽환의 생이 저를 구하는 일이라 하셨으니 다음 이야기를 궁리하고 있습니다 적소에는 붓과 종이가 석 달이 걸려야 도착합니다 한동안 밤의 두께만큼 모았다가 혼자 적요한 새벽

당신을 위해 구름 편을 짓고 몽중의 글귀를 써 보냅니다 도끼 자국을 가지고 사는 소나무는 북쪽으로 머리를 두고 새벽달과 저녁 해를 마음에 들이는 겨울

궁금해할 뒷장을 앞장에 붙이고 또 붙여 보냅니다

여기는 남천, 멀고 먼 하란의 성 밖 드나들면 바다에 배를 맨 마음이 출렁거려 당신의 서신을 다시 열어 봅니다

모든 것을 보았으니 아무것도 보지 못했다는 세필의 구절이 꿈의 바깥인지 안쪽인지 알 수 없어 열리지 않는 귓가 수레바퀴 소리

눈에 달빛을 담으면 바다에 내리는 눈 육화송이인 눈송이가 당신을 불러 보는 천일의 날들 달이 뜨고 함박눈이 내리고, 태어났으나 태어난 적 없는 몽환이겠거니

그날의 날씨가 도착하기 전 옷섶에 지니고 다니던 쪽지를 먼 바다로 안고 날아가 버리는 바람

보름 후

당신이 죽었다는 소식 두 눈을 누가 쓸어 줄까 걱정하는 새벽 달빛 아래 몽夢 환幻 포泡 영影의 긴 이야기를 씁니다 그곳으로 아홉 꿈 마지막 장의 안부를 속히 보내겠습니다

* 「몽환」은 『구운몽』의 전작으로 전해져 오지만 그 작품은 찾을 수가 없다고 한다. 구운몽은 어머니에게 보내는 편지글 형식으로 썼다는 설이 있다.

검은빛의 쓸모

꽃에 이르는 길은 멀고
씨앗들은 풀의 위협을 모르고 있습니다

저녁 구름은 먼 곳에서 흘러와
창 앞의 나무에게 다가갑니다

저녁이면 없던 집이 생겨납니까
우체통이 골목을 완성하는 멀리까지 다녀왔습니다
곧 저물면
물속에 전조등 비추고 가는 대형차들이 늘어나겠지요

더 멀리 가야 했습니다
힘겨울 때 아름다운 물속을 보여주는 교회도 있더라고요

준비가 다 되진 않았습니다
고요가 마련되고 있는 중입니다

누에가 거물거물 잠에 드는 뽕잎 속, 잠두혈蠶頭血이라는

지명을 가진 여기
　검고 향기 나는 푸른 잎 덮고 두 잠 석 잠
　가랑비 소리를 내며 까무룩 잠드는 거지요

나를 재우러 왔습니다
여태 한 번도 잔 적 없는 나의 마음을 잘 재워야 합니다

검은빛의 쓸모

깊은 잠을 위해 검은빛을 모으기 시작합니다

폭설

눈 속에 너는 서 있다
마치 늙은 개가 아니라는 듯

고개를 돌려 인간의 말을 못 들은 척한다

눈이 쌓이고
아무도 다녀간 발자국은 없다

나는 들고 온 시집을 펼쳐
늙은 개에게 읽어준다

나는 순해진다
너는 더욱 순해진다
너는 나를 굴복시킨다
우리는 곁에 있다

복잡하지 않기로 했다
단순하지도 않기로 했다

귀를 닫고 인간의 말을 못 들은 척하지만
고통에 짓눌려 짖지 않기로 했다

너는 시를 알아듣는 것 같다
혼자 견디는 고요를 이해하는 것 같다

너에게 흰빛은 어떻게 보일까

앞발을 주욱 늘이더니 송곳니를 드러내며 배를 깔고 눕는다
폭설 속에 너는 있다
나는 있다

하루 종일 산정 앞에서
홀로이면서 홀로가 아닌

우리는 한동안 그렇게 결이 되었다

눈은 그칠 줄 모른다

해설

희고 고요한

송현지 (문학평론가)

희고 고요한

 석미화의 두 번째 시집 『나의 아웃, 너의 미래』를 오래 읽은 밤, 나는 누에고치 꿈을 꾸었다. 누에는 입에서 뱉은 실로 고치를 지어 그 안에서 잠을 청하고 있었다. 그가 고치를 뚫고 나오기를 기다리다 꿈에서도 잠이 들었던가. 깨어나 보니 이부자리에는 그의 시집만이 놓여 있었고, 그것은 누에고치만큼이나 고요했다. 쉽게 깨지지 않을 듯한 이 시집의 고요는 무엇 때문일까.
 가장 먼저 석미화의 담백한 문장에 대해 이야기해야 할 것이다. 첫 시집 『당신은 망을 보고 나는 청수박을 먹는다』(여우난골, 2021)에서 보였던 정갈함이 이번 시집에도 있다. 다만 그때보다 더 정념을 비운 문장들은 이제 '객관'이라는 말과도 종종 호환될 정도라는 점은 흥미롭다. "주정뱅이" "아비"와 "두 눈"이 먼 "어미"를 둔 아이가 등장하는 「하란」을 예로 들어볼까. 시인은 아이의 비참한 처지를 이야기하다 간신히 슬픔을 멈추고 "흙의 일은 흙이 모른 채/아이를 덮고 있다"라고 적는다. 아이의 안타까운 사정과 "흙의 일"을 분리하는 이 서술은 놀라울 정도로 사실적이지만 전혀 냉정하게 여겨지지는 않는데, 감정을 지워버리는 것이 아니라 차분히 가라앉히고 세계와 일정한 거리를 두는 이 담담함이 그 고요의 근원처럼 보인다는 점은 눈여겨볼 필요가 있다. 다시 말해, 그의 문장에서 감각되는 고요는 사실상 태도의 문제에 가깝다는 것인데, 그렇다면 앞서 이번 시집의 고요에 대해 던진 질문은 다음과 같이 바꿔 물어져야 할 것이다. 그의 '고요한 태도'는 어떻게 만들어진 것일까.

  이 물음에는 고요에 이르기 위해서 그가 오랜 기간 동안 수행을 해왔으리라는 전제가 깔려있다. 이러한 추론이 가능한 것은 "담백하고 따스"(「빛 속에 앉아 있었다」)하게 말을 건네는 그의 조용한 목소리와는 별개로 이 시집들이 여러 소리들로 이루어져 있기 때문이다. 세월이 지나며 지금은 그에게서 "풀려나간"(「물결은 집으로 돌아가고」) 소리들. 가령, "검은 동굴을 지나/굴러오는 나무 둥치 소리", "여우"의 "울음" 소리(「벌목」, p.48), "연필 깎는 소리"(「수목원의 빛」) 같은 것. 각기 다른 기억을 표상하는 이 소리들은 물론 그것으로 파생된

"메아리"(「벌목」 p.16)까지 나무가 베어지듯 지금은 사라졌다는 사실을 서술하며 시인이 소리들을 다시 불러들임으로써 시집은 소리 없음과 소리 있음의 상태가 공존한다. 그리하여 이 소란하고도 고요한 시집은 「물결은 집으로 돌아가고」 속 "반벙어리 사촌"의 "입말과 수어가 섞"인 말이 오히려 화자의 감정을 건드리듯("내 문장을 급작스럽게 흔들어버리는지"), 소리의 행방에 대한 궁금증을 더욱 부추긴다. 우리가 예전에 들었던 그 소리들은 정말 사라진 것일까. 사라졌다면 어디로 간 것일까. 우리는 어쩌다 그것들을 잃어버렸을까, 와 같은 질문을 하게 하며.

그런데 소리의 행방에 대한 다른 가설도 가능할까. 이를테면 소리가 사라진 것이 아니라 어쩌면 우리가 이를 점점 듣지 못하게 된 것은 아닌가 하는.

병은 낡은 악보 같아서 혼자 울컥거리며 뱉어내는 속내

소통구는 여럿인데
당신은 당신을 소리쳐 부른다 임금님 귀는 당나귀 귀

당신은 고압산소실에 들어가야 들을 수 있다고 했다 대나무 서어나무 현사시나무……

모든 숲을 불러와도 바람이 일렁이지 않는다, 숲이 생기지 않는다고

암실의 필름에 어른거리며 허물어진
돌발성난청이 또 나타난다 임금님 귀는 서쪽 바다에 빠져 질척, 붉게 피어오른다 세상의 반대편까지 당겨와

뱉어낼 데 없는 귀는 빵과 포도주를 싣고 먼 길을 가는 당나귀, 그 짐승은 죄를 모르는 시인의 친구
당신은 알아들을 수 없는 말을 하고

[……]

벙커였지 고압산소실에서 당신은 휘청거리다가 구토를 하기 시작했다

— 「돌발성난청」 부분

"뱉어낼 데 없는 귀"를 가진 우리는 살아가며 너무나 많은 소리들을 몸에 쌓아 왔던 것은 아닌가. 특히 슬픔과 고통을 혼자 감내하며 오직 자신만을 "소통구"로 삼는 이들을 떠올려보자. 감정이 터져버린다면 겨우 버텨온 일상이 무너지므

로 여러 소리들을 그저 꾹꾹 자기 안으로 삼키느라 "온몸이 멍들"어도, 숨길 수 없는 힘듦이 "줄줄 흘러"도, "속살"을 "입 밖으로 쏟아"(「연희동」)내지 않으려 안간힘을 쓰며 살아가는 이들을. 참다못해 "임금님 귀는 당나귀 귀"라고 아무도 없는 곳에서 외친다고 해도 그 소리와 메아리마저도 다시 그의 귀로 고스란히 돌아가 켜켜이 쌓일 때, 정작 소중한 기억을 담은 소리들은 그 아래에 묻힌 채 마치 사라진 것처럼 여겨지는 것은 아닐까.

「검은 국」은 바로 그 삼킨 소리들이 쌓이는 과정을 보여준다.

어제는…… 시작되는 이야기는 쓸렸다 밀렸다 끝이 없는 실패 같습니다

저녁 개펄이 눈앞에서 십 리까지 검은 얼굴을 드러내는 시간은 당신의 어제입니다

물이 빠져나가는 소리가 사람의 숨과 같아 속삭임으로 들을 순 없는 것

당신의 일이 아니라 나의 일은 빛을 덧대어 지나간 순간이 되고

숨이 쉬어지지 않아 뜨거운 국 한 그릇 먹는 이 저녁

흑발의 윤기 감도는 김국을 먹는 날이 있었습니다
치렁치렁한 물풀은 어둠과 닿으면 보풀이 일어나 무섭게 부풀어 오르고 세상을 덮고 칠흑을 덮어버리고

가라앉은 배가 떠오를 때 괜찮아졌습니다
이제 떠나도 되지만 여기가 좋아져 남기로 했습니다
— 「검은 국」 부분

"어제는……"으로 "시작되는" 당신의 이야기는 "쏠렸다 밀렸다" 하며 "끝이 없"이 화자에게 돌아온다. 그 소리의 경로를 선으로 그려본다면, 겹겹이 합쳐진 소리들이 "검은" 선이 되어 '나'의 귀 안으로 넘실대고 있을 것이다. "나의 일"은 금세 흘려보내고 "당신의 일"로 귀를, 몸을 채우는 것. 이것은 관계를 지키기 위해 어쩌면 우리가 흔히 하는 행동일 것이다. 시에서 화자는 "괜찮아졌"다고 "여기가 좋아"졌다고 말하지만, 이것은 정말 괜찮은 것일까. 그러니까 타인의 이야기들을 계속 삼키면서 자신의 힘듦을 돌보지 않는 것, "숨이 쉬어지지 않"는 몸에 더 검고 "부풀어 오르"는 것을 삼켜 힘듦을 덮어두는 것만으로 "괜찮아졌"다고 믿으며 사는 것은 정말 괜

찮은 것일까. 앞서 살펴본, 삼키고 또 삼키다 끝내 견딜 수 없어 "병"이 들었을 때에만 "구토"하듯 자신의 속을 뱉어내는 「돌발성난청」의 고독한 화자의 모습이 마치 이 작품 속 '나'의 미래 장면처럼 한데 포개진다.

그런 과정을 견디며 석미화도 같은 것을 느꼈을까. 그는 더 이상 "고통에 짓눌"(「폭설」)리지 않기 위해서, 그리하여 잃었다고 생각했던 소리들을 되찾기 위해서 일단 삼켰던 소리들을 모두 뱉어내는 시간에 이른 듯하다.

힘들겠지만 가장 아팠던 상처를 편안하게 흥얼거려 보시겠어요

그녀는 수십 개 선을 내 몸에 설치해 놓고 늑골에 묻힌 소리를 꺼내려는 것 같았다

가느다란 여음
여치나 찌르레기처럼 나에게도 숲이 생긴 것을 알았다

반대로 말해 볼게요
행복한 시간에도 남아있는 아픔을 한번 끌어내 보세요

신은 우리가 힘들면 노래하도록 만들어 놓았을 거예요

숲에서 이슬이 만들어지는 시간 같은 거예요

신이 신나게 거짓말을 만들 듯

바닥과 천장이 단단하게 허공을 짓는 듯
그녀와 내가 앉은 자리에 사이프러스 잎 소리가 들렸다

추운 곳에서 견뎌낸 나무들은 악기의 음색이 어둡고 깊지요

내 몸에 부착된 선들이 가지를 뻗으며 마른 잎을 흔들고 있었다

이제 숲을 걷어낼 거예요
눈을 한 번 감았다가 뜨세요

먼 곳에서 그녀가 나를 깨우고 있었다

   소리 매듭은 프라이부르크로 돌아가서 천천히 풀 거예요 화음들이 고요히 내려와 물들다가 사라지겠지요 테이블 위 기계에서 나의 소리가 녹음되어 있었다 검은 그래프는 빛 웅덩이 속인 듯 잦아들고
—「소리설치가」전문

"가장 아팠던 상처"를, "늑골에 묻힌 소리를 꺼내"어 보자 벌목된 기억들이 되살아나며 숲이 생긴 경험을 그는 했던 것일까. "추운 곳에서 견뎌낸 나무들"로 만든 "악기"가 "어둡고 깊"은 "음색"을 내는 것처럼, 사실은 사라지지 않았던 그 소리들을 길어 올리자 깊고 고요해진 말들. 이것이 이번 시집에서 석미화가 다다른 고요라면, 「굴꽃 향기 엄습하는데 첼란을 읽다니」, 「지독한 여름이니까」 등을 비롯하여 유독 자주 눈에 띄는 '검은색'은 이 시집이 지난 기억들 모두를 토해낸 현장, 곧 "구토"(「돌발성 난청」)의 자리임을 드러낸다. 그러나 한 가지 분명히 짚어두어야 할 점은 이 시집의 고요가 단순히 이 소리들을 다 뱉고 난 텅 빈 상태를 가리킨다고는 할 수 없다는 사실이다. 첫 번째 시집에서 두드러지게 제시된 흰색이, 「흰 강」의 "강은 매일 허옇게 변해갔다"라는 구절로 대표되듯, 순수하거나 투명한 힘이 아니라 검은 죽음과 친연할 뿐 아니라 그것의 변주된 색상인 것과 유사하게, 이번 시집에서도 흰색과 그것이 표상하는 고요는 단지 검은색이 제거된 상태, 그러니까 슬픔과 고통의 기억이 전부 사라진 상태를 가리키지는 않는다.

『흰 고래의 힘에 대하여』(위고, 2025)에서 번역가 홍한별이 흰색은 모든 색이 합해진 색이라고 말했던 것처럼 석미화가 힘에 도달한 것은 오히려 모든 색들이 합쳐지는 시간이 있었기 때문이다. 그러나 구도자가 아닌 이상, 여러 색을 모아 만들어진 검음을 "흰 뼈"(「호스피스 애인」)로 바꾸는 완전한 적정(寂靜)에 이르기는 어렵다. 그래서 석미화는 홍한별이 허먼 멜빌의 『모비 딕』을 빌려 설명한 또 하나의 방법을 선택한 듯하다. 그것은 "연필 선을 더해 흰 고래를 그리는 대신 흰 고래를 제외한 모든 것을" 그리는 것. 다시 말해, 검은빛을 포개 어두되 "중앙의 빈 공간, 흰 여백"을 남기는 방법이다.

꽃에 이르는 길은 멀고
씨앗들은 풀의 위협을 모르고 있습니다

저녁 구름은 먼 곳에서 흘러와
창 앞의 나무에게 다가갑니다

저녁이면 없던 집이 생겨납니까
우체통이 골목을 완성하는 멀리까지 다녀왔습니다
곧 저물면
물속에 전조등 비추고 가는 대형차들이 늘어나겠지요

더 멀리 가야 했습니다
힘겨울 때 아름다운 물속을 보여주는 교회도 있더라고요

준비가 다 되진 않았습니다
고요가 마련되고 있는 중입니다

누에가 거물거물 잠에 드는 뽕잎 속, 잠두혈蠶頭血이라는 지명을 가진 여기
검고 향기 나는 푸른 잎 덮고 두 잠 석 잠
가랑비 소리를 내며 까무룩 잠드는 거지요

나를 재우러 왔습니다
여태 한 번도 잔 적 없는 나의 마음을 잘 재워야 합니다

검은빛의 쓸모

깊은 잠을 위해 검은빛을 모으기 시작합니다

― 「검은빛의 쓸모」 전문

 검게 쌓여있던 소리들을 뱉어내 "한 번도 잔 적 없는" "마음을 잘 재워"낼 수 있는 공간을 마련하기 위해 그는 소리 있음과 소리 없음이 공존하는 시집을 만든다. 이 시에서 반복되는 '저녁'과 '잠'의 이미지는 단순한 하루의 끝이 아니라, 소

리와 색이 가라앉으며 새로운 고요를 준비하는 과정을 상징한다. "검고 향기 나는" "뽕잎 속"에서 "누에가 거물거물 잠에 드는" 장면은 결국 "검은빛"이 어둠이나 부재가 아니라, 힘에 이르기 위한 조건적 시공간이자 자양분으로 사용되고 있음을 보여준다. 생이라는 "알 수 없는 둘레를 돌"(「둘레」)며 겹겹이 쌓인 소리들을 다시 둥그렇게 모아 만든 누에고치의 시집, 그 가운데 놓인 고요는 그 많은 소리들을 지나온 자만이 겨우 마련해낸 공간이자 경지다. 이처럼 고요가, 그리고 힘이 그가 도달한 상태라면, 우리는 석미화가 첫 번째 시집에서부터 보여준, "복잡하지 않"고, 그렇다고 "단순하지도 않"(「폭설」)은 힘이 구체적으로 어떻게 형성되었는가를 이제 알게 되는 셈이다.

물론 「빗발치는 처마」에서도 다뤄지듯, 고요를 지탱하는 일은 쉽지 않다("못내 받쳐 든 고요"). 주변의 말들에 흔들리기도, 감정이 "문득 뜨겁"고도 빠른 "속도"(「귀룽나무」)로 출렁이기도 한다. 그것을 모르지 않는 시인은 그래서, "고요가 마련되고 있는 중"(「검은빛의 쓸모」)이라고 적는다. 그의 시집은 완결된 깨달음의 기록이라기보다, 고요를 향해 끝없이 나아가는 과정의 일부로 이해되어야 한다.

이처럼 이 시집이 과정 속에 있다는 점은 독자와의 관계에서도 마찬가지다. 지금까지 이 글은 누에고치와 같은 그의 시집에 대해 말했을 뿐 그 안에서 잠자고 있던 누에에 대해서는 이야기하지 않았다. 그러나 우리가 그의 시집을 읽는 동안 잠에서 깬 그것은 마치 '소리설치가'처럼 조금씩 우리 몸에 숲을 만들고 있는 듯하다. 시의 "자음과 모음이 영혼처럼 흘러 다니"(「마요르카에서 온 편지」)며 "끈적거리고 미끄러운"(「저녁에 생겨났다」) 소리들을 우리 몸에 끌고 온다. 그것이 남긴 젖은 물길은 우리의 몸을 하나씩 "잎맥"(「귀룽나무」)이 되게 하여 숲을 이룬다. 세월에 베어진 나무들을 떠올리며 만들어진 거대한 숲, 쉽사리 "통과하지 못하고 갇히"(「폴란드 정원」)게 되는 숲. 그간 잊어버린 소리들과 삼켜왔던 소리들을 떠올리게 하는 그 검은 소란을 우리의 몸에 옮겨놓으며, 그의 시는 더욱 희고 고요해진다. 나는 이제 "홀로이면서 홀로가 아닌"(「폭설」) 마음으로, 흰빛을 품은 이 시집을 펼쳐 다시 읽어본다. 이제는 우리의 고요한 미래가 도래할 차례다.